Heinz Engelke

Pralinen & Konfekt

Kleine Köstlichkeiten selbstgemacht

FALKEN VERLAG

Inhalt

Verwendete Abkürzungen:		l	= Liter
g	= Gramm	1 Tasse	= 1/8 Liter
EL	= Eßlöffel	cl	= Zentiliter
TL	= Teelöffel		
Msp	= Messerspitze		

Die Mengenangaben in den einzelnen Rezepten sind für jeweils 40 Pralinen berechnet.

CIP-Kurztitelaufnahme
der Deutschen Bibliothek

Engelke, Heinz:
Pralinen und Konfekt: kleine Köstlichkeiten
– selbstgemacht / Heinz Engelke. –
Niedernhausen/Ts.: Falken-Verlag, 1985.
ISBN 3-8068-0731-0

ISBN 3 8068 0731 0
© 1985 by Falken-Verlag GmbH,
6272 Niedernhausen/Ts.
Titelbild: TLC-Werbe GmbH, Bocholt
Fotos: TLC-Werbe GmbH, Bocholt
Zeichnungen: Wally Löw, Hofheim-Wallau
Die Ratschläge in diesem Buch sind von
Autor und Verlag sorgfältig erwogen und
geprüft, dennoch kann eine Garantie nicht
übernommen werden. Eine Haftung des
Autors bzw. des Verlages und seiner
Beauftragten für Personen-, Sach- und Ver-
mögensschäden ist ausgeschlossen.
Satz: H. G. Gachet & Co., 6070 Langen
Gesamtherstellung: Falken-Verlag GmbH,
D-6272 Niedernhausen/Ts.

817   2635   4453   6271

Kleine Köstlichkeiten – selbstgemacht

Zu einer der »höheren Künste« in unserem Handwerk zählt die Herstellung von Konfekt und Pralinen. Doch für mich ist diese Kunst ein Hobby geworden, das ich nicht mehr missen möchte. Wenn meine Lieben die Pralinen aus meiner Bastelstube genüßlich probieren, läßt die Genugtuung, die ich empfinde, die etwas aufwendige Zubereitung vergessen.

Wer erst einmal die Herstellung der Grundmassen dieser Versuchungen beherrscht – und dies ist bestimmt nicht so schwer – der wird schnell die Geheimnisse von Geschmack, Verzierung und Zubereitung erlernen. Für diejenigen, die ihre Familien und ihre Gäste mit hausgemachten Pralinen verwöhnen möchten, habe ich dieses kleine Buch zusammengestellt. Die Rezepte habe ich dabei so abgefaßt, daß jede Hausfrau sie auch nachvollziehen kann und diese Kunst nicht nur dem Spezialisten vorbehalten bleibt. Die wichtigsten Arbeitsgänge werden außerdem noch durch Schritt-für-Schritt-Bilder verdeutlicht.

Bevor Sie ans Werk gehen, sollten Sie sich die einzelnen Rezepte und Arbeitsschritte durchlesen. Stellen Sie sich dann alle Arbeitsgeräte und Zutaten griffbereit auf, denn gerade beim Arbeiten mit Massen, die temperaturabhängig sind, spielt der reibungslose Ablauf eine wichtige Rolle.

Dann kann es schon losgehen, und dabei wünsche ich Ihnen viel Spaß. Ich hoffe, daß Ihre Schleckermäuler es zu schätzen wissen, hausgemachte Pralinen zu bekommen.

Gutes Gelingen wünscht
Ihr

Heinz Engelke

Wichtiges bei der Pralinenherstellung

Konfekt ist ein Sammelbegriff für alle feinen Süßwaren, zum Beispiel Pralinen, Fondants und Zuckerfeingebäck. Die Pralinen sind kleine mundgerechte Schleckereien, die ganz oder teilweise mit einer hellen oder dunklen Schokoladenglasur oder Zuckerglasur überzogen werden.

Für die Herstellung von Pralinen und Konfekt im Haushalt benötigt man in erster Linie viel Geduld, Zeit und ein gewisses Fingerspitzengefühl. Doch probieren Sie es ganz einfach: Sie werden sehen, auch Sie sind bald ein Anhänger der hausgemachten Pralinen. Und Ihren Naschkatzen zu Hause können Sie keinen größeren Gefallen bereiten, als diese kleinen Schlemmereien selbst herzustellen.

Die Beschaffung der Arbeitsgeräte ist manchmal nicht ganz einfach. Doch Sie bekommen sicherlich einen guten Tip von Ihrem Konditor, wo Sie die Formen für Schokoladenhohlkörper oder die Gummiformen für die Fondantkörper erhalten. Pralinengabeln, Ausstechformen, Edelstahltöpfe und Edelstahlschüsseln bekommen Sie in jedem gut sortierten Haushaltswarengeschäft. Eine Zuckerwaage für genaues Wiegen, ein Zuckerthermometer für das Bestimmen der richtigen Zuckertemperatur und eine Marmorplatte zum Verarbeiten der Massen sind ebenso erforderlich wie eine Palette, ein Holzspatel, ein Messer mit gerader Klinge, ein Nudelholz, ein Spritzbeutel mit verschiedenen Tüllen und eine Küchenmaschine zum Schlagen und Zerkleinern der verschiedenen Massen. Ebenso nützlich für die Eigenherstellung von Pralinen und Konfekt ist ein Sieb und ein Kuchengitter zum Ablaufen und Abtrocknen der Glasuren und des Überzuges.

Besonderes Augenmerk sollte dann auf die Beschaffung der Rohzutaten verwendet werden. Nur erstklassige Rohprodukte garantieren auch ein erstklassiges Endprodukt. Wir stellen Ihnen in diesem Buch in erster Linie die Grundmassen für die Körper, das heißt für das Innenleben der Pralinen vor. Mit etwas Phantasie lassen sich aus diesen Rezepten vielfältige Geschmacksvariationen herstellen. Denken Sie nur einmal an die große Zahl der getrockneten Früchte, die der Markt heute bietet: Mandeln, Walnüsse, Haselnüsse oder die vielen anderen Nußarten eignen sich genauso gut wie Korinthen, Sultaninen oder kandierte Früchte, wie Kirschen, Ananas, Ingwer, Orangeat und Zitronat.

Ein bevorzugter Aromaträger für Pralinen und Konfekt ist der Alkohol. Rum oder die vielen »Fruchtgeister«, wie Himbeergeist, Kirschgeist und Birnengeist, sind ebenso beliebt wie Fruchtliköre, ob aus heimischen oder exotischen Früchten hergestellt. Sie verleihen unseren Pralinen einen immer anderen Geschmack.

Vielfältig ist auch das Angebot an Gewürzen. Aromastoffe, wie Arrak, Vanille, Kaffee oder Kakao, sind sehr gefragt. Versuchen Sie es aber auch einmal – besonders zur Weihnachtszeit – mit Zimt, Koriander, Nelkenpulver oder Muskat.

Gerade weil Pralinen und Konfekt eine besondere kleine Verführung sein sollen, ist es wichtig, auch das Erscheinungsbild richtig zu gestalten. Gerade beim Dekorieren und Verzieren sollten Sie sich etwas Zeit lassen und mit Muße an diese Arbeit gehen. In den Lebensmittelgeschäften gibt es ja heute schon sehr viele kleine Hilfsmittel. Eines davon sind die fertigen, farbigen Zuckerglasuren und Zuckerschriften, die Ihren Erfolg schon fast garantieren. Verschiedenes Zuckerwerk, wie Blumen, Blüten, Perlen und Streusel, werden ebenso gern verwendet. Eine weitere Möglichkeit der Garnitur ist es, mit getrockneten oder glasierten Früchten und Nüssen die Pralinen zu belegen. Eine einfache Dekoration, die sofort die hausgemachte Praline erkennen läßt, ist die Verzierung mit der Pralinengabel. Dabei wird mit der Gabel die noch warme Blockschokolade so gezogen, daß seitlich eine kleine »Nase« abläuft.

Pralinen und Konfekt werden am besten kühl und trocken gelagert. Einzeln verpackt in farbiges Staniolpapier oder in Pralinenhütchen gesetzt, werden Ihre Pralinen und Konfekts bestimmt immer ein Erfolg sein.

Fondant

Man unterscheidet Fondantpralinen mit fester und mit flüssiger Füllung. Der Fondant ist ein Zuckererzeugnis, das eine milchig weiße Farbe hat. Seine Hauptbestandteile sind Zucker und wenig Flüssigkeit sowie Aroma- und Geschmacksstoffe. Bei der Herstellung des Fondants spielt die Temperatur eine sehr große Rolle (125 Grad Celsius). Ist kein Zuckerthermometer zur Hand, macht man die Ballenprobe. Dazu wird mit einem kleinen Löffel etwas kochender Zucker abgenommen und kurz unter kaltes Wasser gehalten. Läßt sich der Zucker in den mit kaltem Wasser benetzten Händen zu kleinen Ballen formen, ist die richtige Konsistenz erreicht, und die Masse kann weiterverarbeitet werden. Sie wird auf eine mit Wasser oder mit Öl benetzte Arbeitsfläche (Marmor) gegossen. Nachdem diese Lösung auf Körpertemperatur abgekühlt ist, wird sie mit einem Holzspatel mindestens 15 Minuten von außen nach innen gut durchgearbeitet. Es entsteht Fondant. Diese Masse soll geschmeidig und gleichmäßig glatt sein. Sie wird anschließend auf der Platte ausgerollt. Je nach Festigkeit des Fondants schneidet man mit einem starken Sägemesser und etwas Wasser Formen aus. Diese werden mit Schokolade überzogen und dann mindestens 10 Tage gelagert, damit die Creme im Inneren weich werden

kann. Für dieses Weichwerden (invertieren) ist die Weinsteinsäure verantwortlich, die eine Umsetzung des Zuckers herbeiruft. Die Weinsteinsäure erhalten Sie in Drogerien oder bei Ihrem Konditor.

Der noch heiße Fondant kann auch in Formen gegossen werden. Nach dem Erkalten wird er dann ebenfalls mit Schokolade überzogen.

Die Pralinen mit dem flüssigen Fondant sind geschmacklich vielleicht noch feiner als die mit fester Füllung. Dabei sollten Sie aber beachten, daß die Creme grundsätzlich sehr weich gehalten wird, das heißt, die Zuckermasse wird mit mehr Flüssigkeit als beim festen Fondant gekocht. Als Aromastoffe für die flüssigen Füllungen bieten sich hier außer den Fruchtextrakten auch Spirituosen aller Art an. Der leicht angewärmte und aromatisierte Fondant wird in die vorbereiteten oder gekauften Schokoladenhohlkörper gegossen. Wenn dann die Creme eine leichte Haut zieht, wird mit flüssiger Kuvertüre oder Blockschokolade aufgefüllt, damit sich ein Boden bilden kann. Beim Abfüllen sollten Sie darauf achten, daß die Füllung nicht über den Rand des Schokoladenhohlkörpers tropft, denn sonst kann sich die Kuvertüre nicht vollständig mit dem Hohlkörper verschließen. Ein Auslaufen der Füllung ist die Folge.

Arbeitsweise für die Fondantherstellung

1. 350 g Zucker mit 4 EL Wasser zum Kochen bringen (125 Grad).

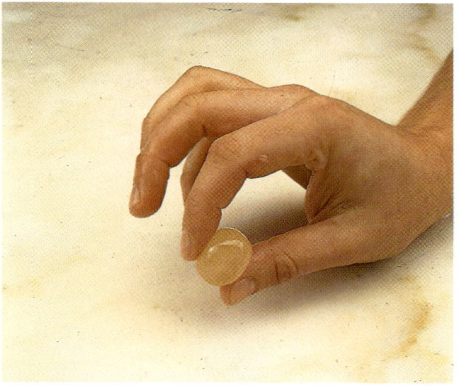

2. Mit 1 TL etwas Zucker abnehmen, kurz unter kaltes Wasser halten und mit nassen Händen einen Ballen formen.

3. Eine Marmorplatte einölen, die Masse darauf gießen und bis zur Körpertemperatur abkühlen lassen. Anschließend die Weinsteinsäure untermischen.

4. Mit einem Spatel mindestens 15 Minuten kräftig durcharbeiten.

5. Den Fondant ausrollen, in Stücke schneiden und erstarren lassen.

6. Mit Schokoglasur überziehen und ausgarnieren.

Pfefferminzwürfel

350 g Zucker
4 TL Pfefferminzlikör
5 g Weinsteinsäure
einige Tropfen Pfefferminzaroma
etwa 250 g bittere Blockschokolade
1 1/2 EL Öl
Zuckerblumen

1. Den Zucker und den Likör in einen Topf geben.
2. Unter ständigem Rühren mit einem Holzlöffel die Zuckermasse auf etwa 125 Grad erhitzen (Ballenprobe).
3. Die Zuckermasse mit Pfefferminzaroma aromatisieren und die Weinsteinsäure unterziehen.
4. Wie beschrieben zum Fondant verarbeiten.
5. Den Fondant nochmals im Wasserbad oder in einem Topf verflüssigen und in eine mit Backpapier ausgelegte und leicht gefettete Springform füllen. Im Kühlschrank mindestens 5 Stunden erstarren lassen.
6. Die Pfefferminzmasse aus der Form nehmen, mit einem Messer in Würfel schneiden.
7. Die Blockschokolade im Wasserbad schmelzen und das Öl unterziehen. Darauf achten, daß die Schokolade nicht mehr als 32 Grad überschreitet.
8. Die Zuckerwürfel mit der Schokolade überziehen.
9. Je eine Zuckerblume darauf setzen und sofort kühl stellen.
10. Die Pfefferminzwürfel sollten erst nach 1 Woche verzehrt werden.

Kaffeekonfekt

350 g Zucker
4 EL Wasser
6 EL Instantkaffee
5 g Weinsteinsäure
einige Tropfen Rumaroma
etwa 250 g Vollmilchblockschokolade
1 1/2 EL Öl

1. Den Zucker in einen Topf geben und den im Wasser gelösten Kaffee unterrühren.
2. Unter ständigem Rühren die Zuckermasse auf 125 Grad erhitzen (Ballenprobe).
3. Die Zuckermasse mit Rumaroma aromatisieren und die Weinsteinsäure unterziehen.
4. Anschließend zu Fondant verarbeiten.
5. Den Fondant nochmals im Wasserbad oder in einem Topf mit etwas Flüssigkeit erwärmen.
6. Entsprechende Gummi-, Plastik- oder Holzformen oder fertige Schokoladenhohlkörper leicht einölen, damit der feste, erkaltete Fondant später leichter herausgenommen werden kann. Den flüssigen Fondant in die Formen gießen.
7. Die Schokoladenhohlkörper nach dem Erkalten der Füllung mit Schokolade verschließen.
8. Anschließend die festen Fondantkörper mit temperierter Schokolade (siehe Seite 22) überziehen und mit Schokobohnen verzieren.

Kirschhappen

50 in Kirschwasser eingelegte Sauer-
kirschen mit Stiel
350 g Zucker
4 TL Kirschwasser
einige Tropfen Vanillearoma
etwa 250 g halbbittere Vollmilchblockschokolade
1½ EL Öl

1. Die Kirschen gut abtropfen und eventuell
auf einem Rost über Nacht abtropfen lassen.
2. Den Zucker mit dem Kirschwasser in einen Topf geben und auf 125 Grad erhitzen
(Ballenprobe).
3. Anschließend zu Fondant verarbeiten.
4. Mit etwas Kirschwasser und dem Vanillearoma erneut erhitzen.
5. Die Kirschen vorsichtig in die Zuckerlösung tauchen.
6. Auf ein geöltes Backpapier absetzen und
erkalten lassen.
7. Die Schokolade im Wasserbad zerlaufen
lassen und das Öl unterziehen.
8. Die Fondantkirschen in die Schokolade
tauchen.
9. Die Kirschhappen 1 Woche an einem
kühlen Ort stehen lassen und erst dann ver-
zehren.

Weinbrandpralinen

350 g Zucker
4 TL Weinbrand
4 g Weinsteinsäure
50 g Rosinen
50 g Pistazien
etwa 250 g bittere Blockschokolade
1/2 EL Öl
Staniol- oder Papierförmchen
2 cl Weinbrand

1. Den Zucker mit dem Weinbrand in einen
Topf geben.
2. Unter ständigem Rühren die Zuckermasse auf 125 Grad erhitzen (Ballenprobe).
3. Anschließend die Weinsteinsäure unterziehen und zu Fondant verarbeiten.
4. Rosinen und Pistazien bereitstellen.
5. Die zerlassene und mit dem Öl ver-
mischte Blockschokolade in die Staniol-
oder Papierförmchen füllen.
6. Wenn der Rand der Schokolade erstarrt
ist, den noch nicht festen inneren Teil herausschütten oder mit einem Löffelchen herausnehmen.
7. Vollständig im Kühlschrank erkalten lassen und anschließend mit den Rosinen und
Pistazien zur Hälfte füllen.
8. Den mit etwas Weinbrand erneut erhitzten Fondant in die Förmchen füllen.
9. Erkalten lassen und mit Schokolade abdecken.
10. Mit Pistazien garnieren und mit Zuckerschrift bunt bemalen.
11. Auch diese Pralinen sollten 1 Woche an
einem kühlen Ort stehen und erst dann verzehrt werden.

Likörpralinen

Die Herstellung von Likörpralinen erfordert ebensoviel Geschick wie sorgfältigste Arbeitsweise. Wir unterscheiden die krustenlosen Likörpralinen und die Pralinen mit Kruste. Für den Haushalt ist die Herstellung der krustenlosen Likörpralinen etwas einfacher. Hierbei werden die fertigen Schokoladenhohlkörper mit feurigem Likör- oder einem anderen Spirituosenfondant gefüllt.

Zum Verschließen dieser Pralinen gibt es verschiedene Arbeitsweisen. Die für Sie sicherlich einfachere und unkompliziertere ist, wenn Sie flüssige Kuvertüre auf einer Arbeitsfläche dünn auftragen und anschließend, wenn sie etwas fester ist, daraus kleine Böden in der Größe Ihrer Pralinen ausstechen. Der Hohlkörper wird dann damit abgedeckt, nochmals mit Schokolade überpinselt und so verschlossen.

Pralinenkünstler mit einer sehr ruhigen Hand können die zu 3/4 gefüllten Hohlkörper direkt mit einem dünnen Film von flüssiger, verdünnter Kuvertüre überziehen. Wenn diese dünne Schicht dann erstarrt ist, kann mit Hilfe eines Pinsels die Praline vollständig verschlossen werden.

Die Herstellung der Likörpralinen mit Kruste birgt für den Haushalt einige Schwierigkeiten, die jedoch zu bewältigen sind. Zunächst wird eine Zuckerlösung gekocht, die aus einem Zucker-Wasser-Verhältnis von 10 : 4 bestehen soll. Die Temperatur soll etwa 125 Grad betragen. Der Zucker soll sich vollständig aufgelöst haben und bei einer anschließenden Probe mit den nassen Fingern zu einem kleinen Bällchen formen lassen. Jetzt wird mit der gleichen Alkoholmenge wie das Wasser aufgefüllt, nochmals gut umgerührt. Erkalten lassen und in die im Puderkasten vorbereiteten, gestanzten Formen füllen. Vorsicht beim Einfüllen! Es soll nichts vertropft werden. Wenn alle Vertiefungen gefüllt sind, wird das Ganze mit warmem Puder überstaubt und im auf 50 Grad vorgeheizten Backofen mindestens über Nacht getrocknet. Nun hat sich durch Kandieren eine Zuckerkruste gebildet, und die Körper können mit einem weichen Pinsel abgepudert und anschließend mit Kuvertüre oder Blockschokolade überzogen werden.

Arbeitsweise für den Puderkasten

1. Ein Backblech mit Staubpuder (Puderzucker oder Stärkemehl) etwa 3 Zentimeter dick bestäuben.

2. Je nach Gefallen in den Staubpuder Vertiefungen einstanzen.

3. Die Vertiefungen mit der Alkohol-Zucker-Lösung füllen.

4. Mit Puder bedecken und kandieren lassen.

5. Herausnehmen und abstauben.

6. Mit Kuvertüre oder Blockschokolade überziehen.

Birnengeistrauten

200 g Zucker
80 g Birnensaft
80 g Birnengeist
etwa 250 g weiße Blockschokolade
bunte Zuckerspritzglasur

1. Den Zucker und den Birnensaft in einen Topf geben.
2. Unter ständigem Rühren auf 125 Grad erhitzen.
3. Vom Herd nehmen, leicht erkalten lassen und den Birnengeist unterziehen.
4. Die Flüssigkeit in die im Puderkasten eingedrückten Rauten gießen.
5. Mit einer Schicht aus Puder bestreuen und über Nacht im auf 50 Grad erhitzten Backofen kandieren lassen.
6. Herausnehmen, abpudern und mit der zerlassenen Blockschokolade überziehen und erkalten lassen.
7. Mit Zuckerspritzglasur verzieren.

Maracujaecken

200 g Zucker
80 g Wasser
80 g Maracujalikör
einige Tropfen Vanillearoma
etwa 250 g Vollmilchblockschokolade
Schokoladenspritzglasur

1. Den Zucker und das Wasser in einen Topf geben.
2. Unter ständigem Rühren auf 125 Grad erhitzen.
3. Vom Herd nehmen, leicht erkalten lassen und den Maracujalikör und das Vanillearoma unterziehen.
4. Die Flüssigkeit in die im Puderkasten eingedrückten Rechtecke gießen.
5. Mit einer Schicht aus Puder bestreuen und über Nacht im auf 50 Grad erhitzten Backofen kandieren lassen.
6. Herausnehmen, abpudern und mit der zerlassenen Blockschokolade überziehen und erkalten lassen.
7. Mit Schokoladenspritzglasur verzieren.

Rumtopfpralinen

1 mittelgroßes Glas Rumtopffrüchte
200 g Zucker
80 g Rum
80 Flüssigkeit aus dem Rumtopf
etwa 250 g Vollmilchblockschokolade
1½ EL Öl
bunte Zuckerstreusel

1. Die Rumtopffrüchte gut abtropfen und eventuell über Nacht abtrocknen lassen.
2. Die größeren Früchte kleinschneiden, die Rumtopfflüssigkeit bereitstellen.
3. Den Zucker und den Rum in einen Topf geben und auf 125 Grad erhitzen.

Maraschinopralinen

4. Vom Herd nehmen und die Rumtopfflüssigkeit dazugeben.
5. Die Blockschokolade im Wasserbad zerlaufen lassen und mit dem Öl vermischen.
6. Schokoladenhohlkörper herstellen (Beschreibung Seite 6).
7. Mit je einer Rumtopffrucht füllen und mit der Zuckerlösung auffüllen.
8. Mit der restlichen Blockschokolade die Öffnungen verschließen und mit bunten Zuckerstreuseln verzieren.

200 g Zucker
80 g Wasser
80 g Maraschinolikör
etwa 250 g zartbittere Blockschokolade
1 1/2 EL Öl
1 Glas Maraschinokirschen

1. Den Zucker und das Wasser in einen Topf geben.
2. Unter ständigem Rühren auf 125 Grad erhitzen.
3. Vom Herd nehmen, leicht erkalten lassen und den Maraschino unterrühren.
4. Die Blockschokolade im Wasserbad schmelzen lassen.
5. 3/4 der Masse in Förmchen füllen und den Rand erkalten lassen.
6. Den noch nicht festen inneren Teil herausschütten oder mit einem Löffelchen herausnehmen.
7. Vollständig im Kühlschrank erkalten lassen und anschließend mit den gut abgetropften Kirschen füllen.
8. Die flüssige Zuckerlösung auf die Pralinen verteilen.
9. Mit der restlichen Schokolade verschließen und mit der Pralinengabel verzieren.

Weichkrokant und Weichkaramel

Diese beiden Zuckererzeugnisse unterscheiden sich in der Herstellung. Der Hauptbestandteil ist bei beiden der Zucker, wobei beim Weichkrokant grundsätzlich gehobelte Mandeln und Marzipan verwendet werden, im Gegensatz zum Weichkaramel, der ohne diese beiden hergestellt wird. Ein weiterer Unterschied besteht in der Zugabe der Flüssigkeiten: beim Weichkrokant etwa 1/4 der Zuckermasse, beim Weichkaramel etwa 3/4 der Zuckermasse. Bei der Herstellung wird beim Weichkrokant der Zucker nur unter ständigem Rühren geschmolzen, während die Masse für den Weichkaramel auf 122 Grad erhitzt wird.

Wie bei allen anderen Pralinenfüllungen gibt es auch hier verschiedene Variationen: zu nennen wäre der Blätterkrokant, der Hartkrokant und der Hartkaramel, wobei diese beiden letzten Arten meist nur zum Glasieren von Kuchen, Tortenstücken und Früchten verwendet werden.

Arbeitsweise für die Herstellung von Weichkrokant

1. 500 g Zucker in einem Topf unter ständigem Rühren schmelzen lassen.

2. 50 g Honig, 15 g Butter und 125 g Sahne untermischen.

3. 350 g Marzipan und 300 g gehobelte Mandeln unterziehen.

4. Auf eine leicht geölte Arbeitsplatte stürzen und gleichmäßig verteilen.

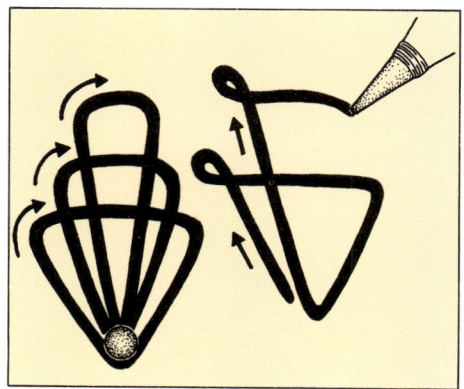

5. In entsprechende Formen schneiden und mit zerlassener Blockschokolade überziehen.

6. Für die Garnitur die Spritztechnik zuerst auf einer Schablone üben.

Vanille-Krokant-Konfekt

500 g feinkörniger Zucker
50 g Honig
15 g Butter
125 g Sahne
2 Päckchen Vanillezucker
350 g Marzipanrohmasse
300 g gehobelte Mandeln
etwa 250 g Zartbitter-Blockschokolade
11/2 EL Öl
Zuckerschrift, Zuckerstreusel oder Zuckerblüten

1. Den Zucker in einem Topf unter ständigem Rühren schmelzen lassen.
2. Den Honig und die Butter unterziehen.
3. Die Sahne mit dem Vanillezucker vermischen und ebenfalls unter die Masse ziehen.
4. Die Marzipanrohmasse grob zerpflücken und mit den Mandeln unter die Masse heben.
5. Wenn alles gut miteinander vermischt ist, auf eine geölte Platte geben und darauf gleichmäßig verteilen.
6. Nach dem Erkalten in entsprechende Formen (Rechtecke, Rauten oder Kreise) schneiden.
7. Die zerlassene Blockschokolade mit dem Öl vermischen und die Krokantstücke damit überziehen.
8. Je nach Geschmack mit Zuckerschrift, Zuckerstreuseln und Zuckerblüten verzieren.

Blätterkrokantpralinen

500 g Puderzucker
15 g Honig
300 g geröstete, gehobelte Haselnüsse
250 g Nougatmasse
250 g Kuvertüre
etwa 250 g Vollmilchblockschokolade
Schokoladenspritzglasur

1. Den Zucker in einem Topf unter ständigem Rühren schmelzen lassen.
2. Den Honig untermischen.
3. Die Haselnüsse unter den Zucker ziehen.
4. Wenn alles gut miteinander vermischt ist, auf eine mit Puderzucker bestreute Arbeitsfläche gießen und ausrollen.
5. Die Nougatmasse mit der Kuvertüre temperieren (siehe Seite 22).
6. Die Masse gleichmäßig auf dem Krokant verteilen und erkalten lassen.
7. Das Ganze mehrmals zusammenschlagen und ausrollen, damit ähnlich wie beim Blätterteig verschiedene Schichten entstehen.
8. Zum Schluß zur gewünschten Dicke ausrollen und Würfel, Rauten oder Kreise ausstechen oder ausschneiden.
9. Mit der zerlassenen Blockschokolade überziehen, erkalten lassen und mit Schokoladenspritzglasur verzieren.

Rahmleckerli

300 g Zucker
225 g Sahne
125 g Honig
1 Stich Butter
einige Tropfen Vanillearoma
50 g feingehackte Pistazien

1. Den Zucker, die Sahne, den Honig und die Butter in einen Topf geben und alles zum Kochen bringen.
2. Unter ständigem Rühren bis auf etwa 122 Grad erhitzen.
3. Anschließend das Vanillearoma und die Pistazien unterziehen und auf eine geölte Arbeitsfläche gießen.
4. Eventuell mit Eisenstäben begrenzen, damit die Masse nicht zu weit auseinanderlaufen kann und dann zu dünn wird.
5. Nach dem Erkalten in die gewünschten Formen schneiden und anschließend in Zellophanpapier verpacken.

Walnußpralinen

200 g Walnußhälften
100 g Zucker
2 cl Rum
einige Tropfen Vanillearoma
etwa 250 g Vollmilchblockschokolade
1 1/2 EL Öl
einige kandierte Kirschen

1. Die Walnußhälften in eine Pfanne geben und leicht rösten.
2. Den Zucker mit dem Rum in einen Topf geben, schmelzen lassen und auf 122 Grad erhitzen.
3. Die Nüsse und das Vanillearoma dazugeben und darunterheben.
4. Auf ein geöltes Backblech geben, leicht abkühlen lassen, mit einem geölten Teelöffel kleine Häufchen von der Masse abnehmen und auf ein zweites geöltes Backblech setzen und erkalten lassen.
5. Die Blockschokolade im Wasserbad zerlaufen lassen, das Öl unterziehen und die Nüsse damit überziehen.
6. Jeweils 1/2 kandierte Kirsche daraufsetzen und erkalten lassen.

Kakaobonbons

300 g Zucker
225 g Sahne
einige EL Instantkakaopulver
125 g Honig
1 Stich Butter
einige Tropfen Vanillearoma
50 g gehackte Mandeln

1. Den Zucker, die Sahne, das Kakaopulver und den Honig sowie die Butter in einen Topf geben und alles zusammen zum Kochen bringen.
2. Unter ständigem Rühren bis auf etwa 122 Grad erhitzen.

3. Anschließend das Vanillearoma und die Mandeln unterziehen und alles zusammen auf eine geölte Arbeitsfläche gießen.
4. Eventuell mit Eisenstäben begrenzen, damit sich die Masse nicht zu weit ausbreiten kann.
5. Nach dem Erkalten in die gewünschten Formen schneiden und anschließend in Zellophanpapier verpacken.

Marzipan

Für die Pralinen- und Konfektherstellung ist Marzipan wohl eine der Grundsubstanzen, die auch im Haushalt sehr schnell und einfach verarbeitet werden können. Fast in jedem Lebensmittelgeschäft erhalten Sie die Marzipanrohmasse, die dann mit Puderzucker zum fertigen Marzipan aufbereitet wird (anwirken).

Marzipanrohmasse besteht aus 2/3 geschälten, feucht zerriebenen Mandeln und 1/3 Zucker. Für den Marzipan wird nur eine erstklassige Qualität der Mandeln verwendet. Im Gegensatz dazu wird für den Persipan, ein marzipanähnliches Erzeugnis, Mandelersatz, wie Aprikosen- oder Pfirsichkerne, verwendet. Der Persipan ist wesentlich billiger als der reine Marzipan, auch geschmacklich besteht ein Qualitätsunterschied. Grundsätzlich gilt bei der Marzipanherstellung peinlichste Sauberkeit.

Arbeitsweise für das Anwirken von Marzipan

1. 200 g Marzipanrohmasse zerpflücken und auf die Arbeitsfläche legen.

3. Alles zusammen mit den Händen zu einer glatten Masse verkneten.

2. Mit 200 g Puderzucker bestäuben.

4. Den Marzipan zur gewünschten Dicke ausrollen und zum Weiterverarbeiten bereitstellen.

Ingwerecken

200 g Marzipanrohmasse
200 g Puderzucker
5 in Sirup eingelegte Ingwernüsse
6 cl Maraschino
50 g geriebene Pistazien
etwa 250 g bittere Blockschokolade
11/2 EL Öl

1. Die Marzipanrohmasse mit dem Puderzucker auf einer Marmorplatte anwirken.
2. Den in feine Würfel geschnittenen Ingwer mit dem Maraschino und den Pistazien unter die Marzipanmasse verarbeiten.
3. Auf einer mit Puderzucker bemehlten Arbeitsfläche 1 Zentimeter dick ausrollen.
4. Mit einem Messer Quadrate, Dreiecke oder Rauten ausschneiden.
5. Die im Wasserbad zerlassene Blockschokolade mit dem Öl vermischen und die Marzipanecken damit überziehen.
6. Mit der Pralinengabel verzieren und erkalten lassen.

Johannisbeerkugeln

200 g Marzipanrohmasse
100 g Puderzucker
75 g Johannisbeergelee
2 Eidotter
100 Sukkade
6 cl Rum
etwa 250 g Vollmilchblockschokolade
11/2 EL Öl
1/2 Tasse feinkörniger Zucker
1 TL Kakaopulver

1. Die Marzipanrohmasse mit dem Zucker, dem Johannisbeergelee und den Eidottern sowie der Sukkade und dem Rum in einen Topf geben.
2. Ins Wasserbad stellen oder auf der Herdplatte bei niedriger Temperatur warm aufschlagen.
3. Die Masse in einen Spritzbeutel füllen und auf einem mit Öl ausgestrichenen Backpapier kleine Häufchen spritzen.
4. In der Zwischenzeit die Blockschokolade im Wasserbad zerlaufen lassen und das Öl unterziehen.
5. Etwas Schokolade auf die Handflächen geben und jeweils ein Marzipanhäufchen darin zu Kugeln formen.
6. In dem mit Kakaopulver vermischten Zucker wälzen und an einem kühlen Ort erkalten lassen.

Marzipan-Rum-Kugeln

200 g Marzipanrohmasse
100 g Puderzucker
100 g gehackte Walnüsse
50 g gehackte Pistazien
2 Eidotter
einige Tropfen Rumaroma
6 cl Rum
etwa 250 g zartbittere Blockschokolade
1½ EL Öl

1. Die Marzipanrohmasse mit dem Zucker, den Nüssen, dem Eigelb, dem Rumaroma und dem Rum in einen Topf geben.
2. Im Wasserbad oder auf der Herdplatte bei niedriger Temperatur warm aufschlagen.
3. Die Masse in einen Spritzbeutel geben, kleine Häufchen auf ein mit Öl ausgefettetes Backpapier spritzen und erkalten lassen.
4. In der Zwischenzeit die Blockschokolade im Wasserbad zerlaufen lassen und das Öl unterziehen.
5. Etwas Schokolade in die Handflächen geben und die Marzipanmasse darin zu Kugeln formen. Auf Backpapier legen und erkalten lassen.

Kandierte Fruchtbissen

200 g Marzipanrohmasse
200 g Puderzucker
6 cl Himbeergeist
50 g Himbeerkonfitüre
einige Tropfen rote Lebensmittelfarbe
50 g Puderzucker zum Ausrollen
100 g kandierte Früchte
1 Eiweiß
200 g Puderzucker

1. Die Marzipanrohmasse mit dem Puderzucker anwirken.
2. Himbeergeist, Himbeerkonfitüre und Lebensmittelfarbe gut darunterarbeiten.
3. Auf einer mit Puderzucker bemehlten Arbeitsfläche 2 Zentimeter dick ausrollen.
4. Kleine Kreise von etwa 3 Zentimeter Durchmesser ausstechen.
5. Jeweils eine kandierte Frucht in die Mitte setzen.
6. Das Eiweiß steifschlagen und den Puderzucker einrühren.
7. Die Marzipankreise bis gut über die Hälfte in die Glasur tauchen, auf ein Gitter absetzen und die Glasur festwerden lassen.

Kandiertes Marzipankonfekt

200 g Marzipanrohmasse
200 g Puderzucker
Lebensmittelfarbe
1 kleines Glas Cocktailkirschen
100 g ganze Mandeln
100 g Walnußhälften
100 g entsteinte Pflaumen
2 cl Kirschwasser
2 EL gemahlene Haselnüsse
2 EL Quittengelee
2 EL gemahlene Pistazien
2 EL Kakaolikör
1 EL Kakaopulver
2 cl Zwetschgenwasser
2 EL gemahlene Walnüsse
200 g Zucker
4 EL Kirschwasser

1. Die Marzipanrohmasse mit dem Puderzucker anwirken.
2. In 4 gleichgroße Teile teilen und mit jeweils einer anderen Farbe einfärben: zum Beispiel Rot, Grün, Gelb und Braun.
3. Die Cocktailkirschen gut abtropfen lassen.
4. Die geschälten Mandeln und die Walnußhälften kurz rösten.
5. Die Pflaumen bereitstellen.
6. Die gelbe Marzipanmasse mit dem Kirschwasser und den gemahlenen Haselnüssen verarbeiten und zu einer langen, etwa 1 Zentimeter dicken Rolle ausrollen. Mit dem Messer in 2 Zentimeter lange Stücke schneiden. Auf jeder Seite 1 halbierte Cocktailkirsche aufsetzen.
7. Die rote Marzipanmasse mit dem Quittengelee und den Pistazien verarbeiten. Von dieser Masse kleine runde Kugeln formen und jeweils 2 Mandeln in die Kugeln eindrücken.
8. Die braune Marzipanmasse mit dem Kakaolikör und dem Kakaopulver verarbeiten. Anschließend zu einer 2 Zentimeter dicken Rolle ausrollen. Mit einem Messer Scheiben abschneiden und auf jede Seite eine Walnußhälfte aufdrücken.
9. Die grüne Marzipanmasse mit dem Zwetschgenwasser und den Walnüssen verarbeiten. Kleine ovale Kugeln daraus formen und in die aufgeschnittenen Pflaumen setzen.
10. Den Zucker mit dem Kirschwasser in einen Topf geben und unter ständigem Rühren auf 118 Grad erhitzen.
11. Wenn der Zucker die gewünschte Farbe hat (je nach Kochdauer), die verschiedenen Formen damit überziehen.
12. Das Marzipankonfekt erkalten lassen, in kleine Förmchen setzen und zum Verzehr bereitstellen.

Nougat

Wie die Marzipanrohmasse kann auch die Nougatmasse heute schon fertig gekauft werden. Der Handel unterscheidet Mandelnougat, Nuß-Nougat und Mandel-Nuß-Nougat.

Die Grundsubstanzen für die Nougatherstellung sind geröstete, geschälte Mandeln oder Haselnüsse und Krokant in einem Verhältnis von 1:1. Anschließend wird Kakaomasse, Kakaobutter oder Kuvertüre untergearbeitet. Abgeschmeckt wird das Ganze dann mit Vanille. Bei der Weiterverarbeitung sollte man darauf achten, daß Nougat wie Kuvertüre (hat einen höheren Kakaoanteil als Blockschokolade) und Blockschokolade temperiert werden muß. Wenn Nougat nicht temperiert wird, wird er grießig und ist nach dem Erkalten nicht schnittfest.

Zimtkugeln

1/4 l Sahne
200 g Kuvertüre
200 g Nougatmasse
100 g gemahlene Mandeln
6 cl Weinbrand
1 EL Zimt
100 g sehr fein gehackte Sukkade
etwa 100 g weiße Blockschokolade
1 Tasse feinkörnigen Zucker
1 TL Zimt

1. Die Sahne in einen Topf geben und aufkochen lassen.
2. Leicht abkühlen lassen, ins Wasserbad stellen, die zerkleinerte Kuvertüre und Nougatmasse darin auflösen.
3. Die Mandeln, den Weinbrand, den Zimt und die Sukkade untermischen.
4. Wenn die Masse zähflüssig wird, mit 2 Teelöfeln kleine Häufchen auf ein geöltes Backpapier setzen.
5. Die weiße Blockschokolade ebenfalls zerlaufen lassen.
6. Etwas Schokolade in die Handflächen geben und die Nougatmasse darin zu kleinen Kugeln drehen.
7. Zucker und Zimt miteinander vermischen und die Kugeln darin kurz vor dem vollständigen Erkalten wälzen.

Arbeitsweise für das Temperieren von Nougat

1. 250 g Nougat und 250 g Kuvertüre oder 250 g Kakaobutter kleinhacken.

2. Im Wasserbad schmelzen lassen.

3. 2/3 der Masse auf eine Marmorplatte geben und kneten, bis die Masse fest ist.

5. Die erkaltete Masse ausstreichen, erkalten lassen und zum Weiterverarbeiten bereitstellen.

4. Mit der flüssigen Masse vermischen.

6. Eine Möglichkeit zur Weiterverarbeitung des Nougat ist, verschiedene Pralinenkörper mit der flüssigen Nougatmasse zu überziehen.

Nougat-Sahne-Trüffel

1/4 l Sahne
200 g Kuvertüre
200 g Nougatmasse
100 g gemahlene Haselnüsse
einige Tropfen Rumaroma
einige Tropfen Vanillearoma
etwa 100 g Vollmilchblockschokolade
1 Tasse feinkörnigen Zucker
2 EL Kakaopulver

1. Die Sahne in einen Topf geben und aufkochen lassen.
2. Leicht abkühlen lassen, ins Wasserbad
stellen, die zerkleinerte Kuvertüre und die
Nougatmasse darin auflösen.
3. Die Haselnüsse unterrühren, mit Rumaroma und Vanillearoma aromatisieren.
4. Wenn die Masse zähflüssig wird, diese in
einen Spritzbeutel füllen und auf ein geöltes
Backpapier kleine Häufchen spritzen.
5. Die Vollmilchblockschokolade ebenfalls
zerlaufen lassen.
6. Etwas Vollmilchschokolade in die Handflächen geben und die Nougatmasse darin
zu kleinen Kugeln drehen.
7. Den Zucker und das Kakaopulver miteinander vermischen und die Kugeln kurz
vor dem vollständigen Erkalten darin wälzen.

2. Die Butter oder Margarine in einer
Pfanne erhitzen und die Nüsse darin rösten.
3. Anschließend leicht erkalten lassen und
unter die Nougatmasse ziehen.
4. Diese Masse auf einer Arbeitsfläche
etwa 1 Zentimeter dick ausstreichen und
absteifen lassen.
5. Die restliche Nougatmasse mit der Vollmilchschokolade zerkleinern, im Wasserbad zerlaufen lassen und anschließend
temperieren.
6. Die Hälfte davon auf die erste Masse
streichen und absteifen lassen.
7. Das Ganze umdrehen und die restliche
Masse darauf verteilen.
8. Kurz vor dem Festwerden mit den gerö-
steten Mandeln, den Haselnüssen und den
Walnüssen bestreuen.
9. In Würfel schneiden und zum Verzehr
bereitstellen. Nicht zu warm aufbewahren.

Nougatwürfel

500 g Nougatmasse
175 g Kuvertüre
2 EL Butter oder Margarine
125 g gehackte Mandeln
60 g gehackte Pistazien
60 g gehackte Erdnüsse
200 g Nougatmasse
200 g Vollmilchblockschokolade
50 g geröstete gehackte Mandeln
50 g geröstete gehackte Haselnüsse
50 g geröstete gehackte Walnüsse

1. Die Nougatmasse und die Kuvertüre
kleinschneiden, in eine feuerfeste Schüssel
geben und im Wasserbad zerlaufen lassen.
Anschließend temperieren.

Nougattaler

200 g Marzipanrohmasse
4 cl Weinbrand
200 g Puderzucker
150 g Nougatmasse
50 g Kuvertüre
80 g gehackte Pistazien
etwa 250 g weiße Blockschokolade
1 1/2 EL Öl
Schokoladenspritzglasur

1. Die Marzipanmasse mit dem Weinbrand und dem Puderzucker anwirken.
2. Auf einer bepuderten Marmorplatte dünn ausrollen.
3. Die Nougatmasse und die Kuvertüre kleinschneiden, im Wasserbad zerlaufen lassen und temperieren.
4. Gleichmäßig dünn auf die Marzipanmasse auftragen.
5. Mit den Pistazien bestreuen und kurz vor dem Absteifen zu einer Rolle zusammenrollen.
6. Eventuell die Marzipan-Nougat-Platte der Länge nach halbieren, damit die Rolle nicht zu dick wird.
7. Nun die Rolle in 1 bis 2 Zentimeter dicke Scheiben schneiden und vollkommen absteifen lassen.
8. Die Blockschokolade zerlaufen lassen, das Öl unterziehen, die Nougattaler damit überziehen und erkalten lassen.
9. Mit Schokoladenspritzglasur verzieren.

Nougatkirschen

200 g Nougatmasse
50 g Kuvertüre
1 Glas eingelegte Weinbrandkirschen
etwa 200 g zartbittere Blockschokolade
1 1/2 EL Öl
Staniolförmchen
bunte Zuckerspritzglasur

1. Die Nougatmasse und die Kuvertüre kleinschneiden, im Wasserbad zerlaufen lassen und anschließend temperieren.
2. Die Weinbrandkirschen gut abtropfen lassen.
3. Die Schokolade im Wasserbad zerlaufen lassen und das Öl unterziehen.
4. Den Boden der Staniolförmchen mit der Blockschokolade glatt bedecken.
5. Je eine Weinbrandkirsche hineingeben und zu 3/4 das Förmchen mit der Nougatmasse auffüllen.
6. Die Massen festwerden lassen und erst dann mit der restlichen Blockschokolade abdecken.
7. Diese Schicht ebenfalls festwerden lassen und anschließend mit der Zuckerspritzglasur verzieren und zum Verzehr bereitstellen.

Gianduja

Gianduja ist ein weiteres Produkt, das hauptsächlich aus Zucker und Nüssen besteht. Vervollständigt wird Gianduja mit Kuvertüre, Kakaobutter oder Erdnußfett. Die Giandujamasse eignet sich vorzüglich zum Füllen von Pralinen. Sie wird aber ebenso zum Abdecken von Torten und Feingebäck verwendet. Man unterscheidet dunkle Gianduja, helle Gianduja und Giandujacreme.

Arbeitsweise für die Herstellung von dunkler Gianduja

1. 375 g Zucker und 1/8 Liter Wasser in einem Topf auf 110 Grad erhitzen.

3. Auf ein Backblech geben und auskühlen lassen.

2. 160 g geröstete Haselnüsse und 125 g geröstete Mandeln dazugeben, gut durchrühren und den Zucker festwerden lassen.

4. Durch die feine Scheibe des Fleischwolfes drehen und anschließend mit dem Pürierstab zerkleinern.

5. 185 g geschmolzene Kuvertüre und 40 g Kakaobutter untermischen.

6. Nach dem Erkalten ausrollen oder formen und anschließend mit flüssiger Schokolade überziehen.

Englische Happen

(helle Gianduja)

250 g hell geröstete Mandeln
300 g Puderzucker
125 g Kakaobutter
125 g weiße Blockschokolade
etwa 250 g Vollmilchblockschokolade
1 1/2 EL Öl
2 EL weiße Zuckerspritzglasur

1. Die Mandeln und den Zucker mit dem Pürierstab so lange pürieren, bis eine ölige zusammenhängende Masse entstanden ist.
2. Die Kakaobutter und die weiße Blockschokolade schmelzen und anschließend über die Nüsse gießen.
3. Gut durcharbeiten und auf ein Pergamentpapier ausstreichen.
4. Nach dem Erkalten nochmals gut durcharbeiten, eventuell nochmals leicht erwärmen und etwa 2 Zentimeter dick ausrollen.
5. Zu Quadraten oder Rechtecken schneiden und vollständig absteifen lassen.
6. Die Blockschokolade im Wasserbad zerlaufen lassen, das Öl unterziehen.
7. Die Pralinenkörper damit überziehen und anschließend mit der Pralinengabel Streifen auf der Oberfläche ziehen. Diese mit der Zuckerspritzglasur füllen.
8. Auf ein Gitter legen, erkalten lassen und zum Verzehr bereitstellen.

Genfer Rollen

(Giandujacreme)

250 g Puderzucker
250 g geröstete geriebene Mandeln
einige Tropfen Vanillearoma
einige Tropfen Rumaroma
1 TL Zimt
75 g Erdnußfett
125 g Kuvertüre
250 g weiße Blockschokolade
1 1/2 EL Öl

1. Den Puderzucker mit den Mandeln in eine Schüssel geben.
2. Mit dem Pürierstab solange pürieren, bis eine ölige zusammenhängende Masse entstanden ist.
3. Mit dem Vanillearoma, Rumaroma und dem Zimt aromatisieren.
4. Das zerlassene Erdnußfett und die zerlassene Kuvertüre dazugeben und alles zu einer Masse verarbeiten.
5. Auf ein Pergamentpapier ausstreichen und erkalten lassen.
6. In der Zwischenzeit die weiße Blockschokolade im Wasserbad zerlaufen lassen und das Öl unterziehen.
7. Je nach der gewünschten Größe der Kugeln von der Giandujamasse Stücke abschneiden.
8. Zu kleinen Rollen formen.
9. Etwas weiße Schokolade in die Handflächen geben und die Kugeln darin gleichmäßig rollen, auf ein Gitter legen und erkalten lassen.
10. Anschließend mit der restlichen weißen Schokolade überziehen, absteifen lassen und zum Verzehr bereitstellen.

Canache

Die Canachemasse wird auch Pariser Creme genannt. Die Pralinen sind unter dem Namen Trüffelpralinen bekannt. Die Grundprodukte sind Sahne und Kuvertüre in einem Verhältnis 1:2.

Zur Herstellung wird die Sahne gekocht und anschließend die kleingeschnittene Kuvertüre darin aufgelöst. Die Canachemasse wird dann mit beliebigen Aromastoffen gewürzt. Zum Abkühlen wird die Creme auf Pergamentpapier geschüttet. Wenn sie fest ist, wird sie ausgerollt. Mit verschiedenen Formen kann man sie ausstechen oder auch zu kleinen Kugeln drehen.

Die Herstellung von Canache

1. 250 g Sahne in einen Topf geben und aufkochen.

3. Die Masse mit Aromen wie Vanille, Zimt, Zitrone, Orange oder Alkoholika würzen.

2. 500 g Kuvertüre kleinschneiden und in der Sahne auflösen.

4. Die Masse auf ein Pergamentpapier geben und erkalten lassen.

5. Die Masse ausrollen, ausstechen oder formen.

6. Mit verschiedenen Schokoladensorten oder Glasuren überziehen.

Messinakugeln

1/4 l Sahne
380 g Vollmilchblockschokolade
1 EL Zimt
1/2 TL Kardamon
1 Msp Nelkenpulver
6 cl Rum
100 g feingestoßener Krokant
100 g kandierte, kleingeschnittene Früchte
etwa 250 g weiße Blockschokolade

1. Die Sahne in einen Topf geben und zum Kochen bringen.
2. Die kleingeschnittene Blockschokolade dazugeben und darin auflösen.
3. Mit Zimt, Kardamon, Nelkenpulver und Rum aromatisieren und den Krokant unterziehen.
4. Auf eine Marmorplatte gießen und solange bearbeiten, bis die Masse zähflüssig geworden ist.

5. Anschließend in einen Spritzbeutel füllen und auf ein mit Pergamentpapier ausgelegtes Blech kleine Häufchen spritzen.
6. In jedes Häufchen wird ein kleines Stück der kandierten Früchte gesteckt.
7. Die weiße Blockschokolade im Wasserbad zerlaufen lassen.
8. Etwas Schokolade in die Handflächen geben und die Canachehäufchen darin zu Kugeln drehen.
9. Auf ein Gitter legen, mit der Pralinengabel und der restlichen Schokolade kleine Schnörkel auftragen und so zum Verzehr bereitstellen.
10. Eine weitere Möglichkeit wäre es, die Masse so aufzuspritzen, daß eine kleine Spitze stehen bleibt.
11. Anschließend mit der Schokolade überziehen.

Cognactrüffel

1/4 l Sahne
380 g Vollmilchblockschokolade
4 cl Kirschwasser
einige Tropfen Vanillearoma
100 g Schokosplitter
1 Glas Cocktail- oder Maraschinokirschen
etwa 250 g weiße Blockschokolade

1. Die Sahne in einen Topf geben und zum
Kochen bringen.
2. Die kleingeschnittene Blockschokolade
dazugeben und darin auflösen.
3. Mit dem Kirschwasser und dem Vanillearoma aromatisieren.
4. Auf eine Marmorplatte gießen und solange bearbeiten, bis die Masse zähflüssig
geworden ist.
5. Anschließend die Schokosplitter unter-
arbeiten und mit 2 Teelöffeln kleine Häufchen auf ein leicht geöltes Backpapier setzen.
6. Je eine gut abgetropfte Cocktail- oder
Maraschinokirsche in die Häufchen drük-
ken.
7. Die weiße Blockschokolade im Wasserbad zerlaufen lassen.
8. Etwas Schokolade in die Handflächen
geben und die Canachehäufchen darin zu
Kugeln drehen.
9. Auf ein Gitter legen, mit Hilfe der Pralinengabel und der restlichen Schokolade
kleine Schnörkel auftragen und so zum Verzehr bereitstellen.

Kirschtrüffel

1/4 l Sahne
380 g Vollmilchblockschokolade
6 cl Cognac oder Weinbrand
einige Tropfen Vanillearoma
100 g feingestoßener Krokant
etwa 250 g weiße Blockschokolade
Zucker
Kakaopulver

1. Die Sahne in einen Topf geben und zum
Kochen bringen.
2. Die kleingeschnittene Blockschokolade
dazugeben und darin auflösen.
3. Mit dem Cognac und dem Vanillearoma
aromatisieren und den Krokant unterziehen.
4. Auf eine Marmorplatte gießen und solange bearbeiten, bis die Masse zähflüssig
geworden ist.
5. Anschließend in einen Spritzbeutel füllen
und kleine Rosetten auf ein leicht geöltes
Backpapier spritzen.
6. Während die Rosetten im Kühlschrank
erkalten, die weiße Blockschokolade im
Wasserbad zerlaufen lassen.
7. Die Rosetten mit der Schokolade überziehen und mit Hilfe der Pralinengabel verzieren.
8. Eine andere Möglichkeit ist es, die Rosetten mit etwas Schokolade in den Handflächen zu kleinen Kugeln zu drehen in Zuk-
ker und Kakaopulver zu wälzen und so zu
servieren.